Kvindeeg og Mindesten i Jystrup

Anette Canzella og Pia Viscor

Lokalhistorisk Forening for Jystrup og Valsølille
2015

Indhold

Forord

I 1915 vedtog man i Danmark en ændring af Grundloven, som gav kvinder valg- og stemmeret. Denne ændring opstod ikke ud af ingenting. Mange borgere landet over gjorde en ihærdig indsats for at få vedtaget den nye lov; også på lokalt plan i Jystrup og Valsølille blomstrede initiativ og foretagsomhed, bl.a. så Kvindevalgretsforening i Jystrup dagens lys i 1910.

100 år senere er aktive kvinder i Jystrup og Valsølille klar igen! En arbejdsgruppe har i et års tid arbejdet med planlægningen af en festdag, hvor 100-året for grundlovsændringen markeres, bl.a. med en bogudgivelse.

To lokale ildsjæle, Anette Canzella og Pia Viscor, henvendte sig til Lokalhistorisk Forening for Jystrup og Valsølille med opfordring til samarbejde om udgivelsen: Anette og Pia ville skrive bogen, foreningen skulle stå som udgiver. Det var et tilbud, som var nemt at sige ja tak til, og bogen *Kvindeeg og Mindesten i Jystrup* er nu en realitet. Foreningen skylder Anette og Pia stor tak for deres arbejde med bogens tilblivelse.

Bogen er en lille lokalhistorisk perle, der sætter vores kvindeeg og mindesten ind i en historisk og politisk sammenhæng og samtidig hædrer de kræfter, som gennem tiden har medvirket til, at vores landsby i dag ser ud, som den gør.

Lokalhistorisk Forening for Jystrup og Valsølille
2015

Indledning

Den 5. juni 1915 er det 100 år siden, at danske kvinder ved en Grundlovsændring fik valg- og stemmeret og således blev ligestillede med mændene. Og det skal fejres. I Jystrup sker det bl.a. ved udgivelsen af denne bog, idet vores landsby kan fremvise både en kvindeeg og en mindesten.

Det har været vigtigt for os at berette om den politiske baggrund for Grundlovsændringen 1915 samt at fortælle om det kvindepolitiske arbejde, som blev gjort op der til. Desuden giver bogen en fremstilling af de mislykkede tiltag, der førte til, at den lokale lægefrue i Jystrup, Clara Tvedegaard, i frustration men også i begejstring tog initiativ til at markere kvindernes nye status i det danske samfund ved at plante en kvindeeg i sin have.

Bogen bevæger sig derfor i tid og rum – fra enevælden til indførelsen af en demokratisk styreform, fra det nationale via det regionale til det helt lokale.

I det sidste afsnit af bogen berettes om Clara Tvedegaard, som er den direkte årsag til, at Jystrup fik sin kvindeeg.

Som ejere af lægefruens hhv. hus og have har vi en særlig interesse i Jystrups kvindeeg og mindesten samt i kvinden bag egen. Da Lokalhistorisk Forening for Jystrup og Valsølille efter vores henvendelse besluttede at ville udgive bogen, blev vi selvsagt glade for, at vores tanker om en bog om kvindegen og den senere opsatte mindesten kunne realiseres.

Vi vil gerne rette en tak til de enkeltpersoner i Jystrup, som har været os behjælpelige med oplysninger. Også personalet på Lokalhistorisk Arkiv i Ringsted samt på andre arkiver og i organisationer skylder vi tak for deres hjælpsomhed. Sidst men ikke mindst takker vi vores ægtemænd for tålmodighed og kritisk gennemlæsning af manuskriptet.

Endelig takker vi hinanden for godt og hyggeligt samarbejde.

Anette Canzella og Pia Viscor

Et historisk tilbageblik[1]

Baggrunden for at udgive denne bog er at fejre 100-året for kvindernes ret til at stemme og til at blive valgt ind i Danmarks Rigsdag. For nutidsdanskeren er lige værd, ret og pligt en helt selvfølgelig del af det danske samfund, men sådan har det ikke altid forholdt sig.

Folkestyret, som vi kender det i dag, demokratiet i sin nuværende form, er gennem flere hundrede år blevet udbygget og rettet til i forhold til samfundsudviklingen.

Tanker om alle borgeres lige værd og lige ret blomstrede op i løbet af 1700-tallet i form af den såkaldte *naturret,* som med tiden kom til at danne baggrund for den politiske *liberalisme.* Fra de liberalistiske idéer udsprang filosoffen Charles Montesquieus teorier om hensigtsmæssigheden i en tredeling af statsmagten i den udøvende, den lovgivende og den dømmende magt.

Filosoffen og pædagogen Jean-Jacques Rousseau fremkom i 1761 med en model, som skulle sikre borgerne mod magtmisbrug fra politikere og højtstående embedsmænd: Borgerne overgav deres ret til medindflydelse til folkevalgte ledere for til gengæld at få rettigheder og friheder som beskyttelse mod magtmisbrug.

Disse tanker harmonerede ikke med det politiske system, som herskede i Danmark i 1700-tallet. Kongen sad på al magt og styrede enevældigt landet støttet af embedsmænd og ministre, som han selv havde udpeget.

Grundloven af 1849

I 1848 var der kongeskifte i Danmark. Christian den 8. døde og blev efterfulgt af sønnen Frederik den 7., der allerede som kronprins havde glimret ved sin manglende interesse for politik. Dette i samspil med flere politiske forhold både i og udenfor Danmark gjorde tiden moden til en ændring af statsapparatet herhjemme. Danmarks Riges første Grundlov blev udformet og underskrevet af kongen den 5. juni 1849. Frederik 7. afskrev derved sin enevældige stilling og kunne herefter *sove, så længe jeg gider,* som han udtrykte det[2].

Grundloven af 1849

§ 34. *Rigsdagen bestaaer af Folkethinget og Landsthinget.*

§ 35. *Valgret til Folkethinget har enhver uberygtet Mand, som har Indfødsret, naar han har fyldt sit 30te Aar, medmindre han:*
uden at have egen Huusstand staaer i privat Tjenesteforhold;
nyder eller har nydt Understøttelse af Fattigvæsenet, som ikke er enten eftergiven eller tilbagebetalt;
er ude af Raadigheden over sit Bo;
ikke har havt fast Bopæl i eet Aar i den Valgkreds eller den Stad, hvori han opholder sig paa den Tid, Valget foregaaer.

§ 36. *Valgbar til Folkethinget er, med de i § 35 a, b og c nævnte Undtagelser, enhver uberygtet Mand, som har Indfødsret, naar han har fyldt sit 25de Aar.*

§39. *Valgret til Landsthinget har Enhver, der ifølge §35 har Valgret til Folkethinget. De Valgberettigede vælger af deres Midte Valgmænd efter de Bestemmelser, som gives i Valgloven.*

§ 40. *Valgbar til Landsthinget er enhver uberygtet Mand, som har Indfødsret, og hvis Bo ei er under Opbuds- eller Fallitbehandling, naar han har fyldt sit 40de Aar og i det sidste Aar enten har svaret i directe Skat til Staten eller Communen 200 Rbd., eller godtgjør at have havt en reen aarlig Indtægt af 1200 Rbd.*
I de Valgkredse, hvor Antallet af Valgbare efter denne Regel ikke naaer det Forhold til Befolkningen, som fastsættes i Valgloven, forøges Antallet af de Valgbare med de høiest Beskattede i Valgkredsen, indtil dette Forhold er naaet.

Grundloven af 1915

§ 29. *Rigsdagen bestaar af Folketinget og Landstinget.*

§ 30. *Valgret til Folketinget har enhver Mand og Kvinde, som har Indfødsret, har fyldt sit 25de Aar og har fast Bopæl i Landet, medmindre vedkommende:*
a) ved Dom er fundet skyldig i en i den offentlige Mening vanærende Handling uden at have faaet Æresoprejsning,
b) nyder eller har nydt Understøttelse af Fattigvæsenet, som ikke er enten eftergivet eller tilbagebetalt,
c) er ude af Raadighed over sit Bo paa Grund af Konkurs eller Umyndiggørelse.

§ 31. *Valgbar til Folketinget er enhver, som i Henhold til § 30 har Valgret til dette.*

§ 34. *Valgret til Landstinget har enhver Folketingsvælger, som har fyldt sit 35. Aar og har fast Bopæl i vedkommende Landstingskreds.*

§ 35. *Valgbar til Landstinget er enhver, der har Valgret til dette, naar han (hun) har fast Bopæl i vedkommende Landstingskreds.*
Til Valgbarhed for de 18 Medlemmer af Landstinget, der vælges til dette i Henhold til § 36, og for deres Stedfortrædere kræves ikke fast Bopæl i nogen bestemt Landstingskreds, men kun, at de opfylder de øvrige Bestemmelser for Valgret til Landstinget.

Grundloven af 1849 kom til at indeholde følgende kapitler

1. Regeringsformen
2. Kongen og arvefølgen
3. Kongen og ministrene
4. Rigsdagen: Folketing og Landsting
5. Tingene og lovgivningen
6. Rigsretten
7. Folkekirken og religionsfrihed
8. Borgernes rettigheder og friheder
9. Ændringsregler

Grundlovens ikrafttræden betød for landet som helhed, at Danmark fik et konstitutionelt monarki, magten tredeltes, og landets øverste myndighed blev Rigsdagen, der bestod af to kamre. Borgerne i Danmark fik religions-, ytrings-, trykke, forenings- samt forsamlingsfrihed, og sidst men ikke mindst fik en del af den mandlige befolkning stemmeret og valgbarhed til Rigsdagens to kamre.

Den gennemsete Grundlov 1866

Danmarks nye forfatning skulle stå sin prøve, og allerede efter få år blev det nødvendigt at korrigere visse af Grundlovens bestemmelser.

Problemerne centrerede sig om valgbestemmelserne til Rigsdagen. Der var opstået konflikt mellem venstrefløjen og de konservative godsejere i forhold til sammensætningen af medlemmerne i Folke- og Landsting. Problemet blev løst ved et forlig, og den 28. juli 1866 blev *Den gennemsete Grundlov* underskrevet. Denne grundlov fungerede frem til 1915, hvor tiden blev moden til nye ændringer. Det altoverskyggende tema til debat og diskussion var forslaget om at udvide skaren af stemmeberettigede og valgbare.

Grundlovsændringen 1915

Grundlovens bestemmelser fra 1849 gav stemmeret til omkring 15% af befolkningen eller 72,8% af alle mænd over 30. Heraf udnyttede kun halvdelen denne mulighed for indflydelse. De godt 7% af befolkningen, som i realiteten repræsenterede den folkelige, politiske indflydelse udgjordes udelukkende af økonomisk uafhængige mænd, som opfyldte lovens krav om alder og opholdssted.

Den 5. juni 1915 underskrev Christian den 10. den nye reviderede Grundlov, som gav Danmark et udvidet demokratisk grundlag for det folkestyre, vi i dag anser som en naturlig del af vores samfund. Grundlovsændringen medførte nemlig, at den stemmeberettigede del af befolkningen blev kraftigt øget. Ikke alene kvinderne fik valg- og stemmeret; det gjorde også tyendet, og samtidig lempedes reglerne især for de uformuende. Udvidelsen af den stemmeberettigede og valgbare del af befolkningen angik nemlig *De fem F'er*, som man på den tid omtalte dem: *Fruentimmere, Folkehold, Forbrydere, Fattige og Fjolser.*

Kampen for valg- og stemmeret

Forud for vedtagelsen af grundlovsændringen i 1915 gik der et hårdt arbejde og en sej kamp både nationalt, regionalt og lokalt. Kvinderne organiserede sig, ytrede sig offentligt, diskuterede og debatterede.

De nationale bevægelser
Dansk Kvindesamfund blev stiftet den 24. februar 1871 af Mathilde Bajer og havde i starten fokus på kvinders ret til at uddanne sig. Mathilde Bajer var dog så ivrig efter at arbejde for kvinders valgret, at hun i 1886 stiftede *Kvindelig Fremskridtsforening*. Tre år efter blev *Kvindevalgretsforeningen* oprettet, da mange mente, at Dansk Kvindesamfund tøvede for længe med at ville tale højt om kvinders valgret[3].

Mathilde Bajer blev stærkt støttet af sin mand Frederik Bajer, som blandt andet fremsatte forslag om valgret til kvinder i Folketinget allerede i 1886. Den valgret blev faktisk vedtaget dér i 1887, men det skulle tage helt frem til 1915 før *både* Folketinget og Landstinget, som tilsammen udgjorde Rigsdagen, kunne blive enige om den grundlovsændring, der gav kvinder stemmeret og valgbarhed til de lovgivende forsamlinger.

Første gang man i Danmark hørte kvinder tale ved offentlige valgmøder var den 21. januar 1890[4]. Det var starten på en række af *interpellationer*, som den nystartede Kvindevalgretsforening og Dansk Kvindesamfund stod bag. Interpellationer var en udspørgen af folketingkandidater om deres holdning til kvindernes stemmeret.

Det var på det tidspunkt den kommunale stemmeret, som var i fokus, da man ikke mente, at tiden var inde til at tale om politisk stemmeret.

I 1906 skrev Elna Munch, politiker og kvindesagsforkæmper, en artikel i publikationen *Det ny Aarhundrede*[5]. Her gennemgik hun kvindernes kamp for borgerrettigheder siden Den Franske Revolution og op til 1906 og fortalte blandt andet, at der på det tidspunkt var 30 filialer af Dansk Kvindesamfund på landsplan. Desværre var der ikke ret mange medlemmer, og valgretsarbejdet blev beskrevet som temmelig uorganiseret.

Elna Munch foreslog i artiklen, at lederne af de forskellige foreninger, som havde valgretten på deres program, inviterede til dannelsen af en valgretsforening, som kunne omfatte hele landet. På den måde mente hun, at der ville komme mere opmærksomhed på valgretsspørgsmålet og tillige mange flere medlemmer[6].

Samme år, som artiklen udkom, stiftede Elna Munch og ligesindede *Københavns Kvindevalgretsforening,* og året efter kom paraplyorganisationen *Landsforbundet for Kvinders Valgret* til. Den sidstnævnte kom i løbet af nogle år til at omfatte 160 lokalforeninger med ca. 12.000 medlemmer[7].

Efter 22 år med 11 fremsatte lovforslag fik kvinderne i 1908 kommunal valgret. Inden da havde de i 1903 fået valgret til menighedsrådene, i 1905 til værgeråd og i 1907 til de fattiges hjælpekasser.

De ovenfor nævnte foreninger og organisationer var alle rene kvindeforeninger og – organisationer, men kvinderne stod ikke helt alene. Der var også mænd, der gik ind for kvindelig valg- og stemmeret, og som tilmed organiserede sig. Fra 1913 fik kvinderne støtte fra *Foreningen af Mænd for Kvinders Valgret.*

Fig. 1. Ved valget til Rigsdagen i 1909 satte kvinder denne plakat op for at gøre opmærksom på kvindernes manglende stemme- og valgret. Kilde: Dansk Kvindesamfund.

Kvindevalgretsforeningen for Ringsted og Omegn blev oprettet den 28. april 1907 med det *Formaal at virke for Kvinders kommunale og Politiske Ligestilling med Mænd samt gennem Møder med Foredrag og Diskussion om politiske og sociale Spørgsmaal uddanne dem til Deltagelse i det offentlige Liv.*

En af de, som blev valgt ind i den første bestyrelse, var Caroline Marie Dreyer[8]. Hun var, ud over at være uddannet sygeplejerske, en stor fortaler for kvinders almindelige valgret og havde ordet i sin magt både som skribent og agitator.

Clinny, som hun kaldtes, var gift med byens distriktslæge, som hun assisterede i hans arbejde. Ud over at agitere for kvinders valgret var hun politisk aktiv i radikal partipolitik og stillede allerede i 1909 op til kommunalvalget i Ringsted på den radikale liste, dog uden at blive valgt ind.

I 1908 blev Clinny forkvinde for *Kvindevalgretsforeningen,* og hun samlede de 14 valgretsforeninger på egnen i en fælles agitationskreds. I 1910 flyttede hun til København som følge af hendes mands udnævnelse til direktør for Zoologisk Have. Der fortsatte hun sine aktiviteter og blev blandt andet redaktør for Landsforbundet for Kvinders Valgret's blad.

Fig. 2. Caroline Marie Dreyer. Foto: Historiens Hus, Lokalhistorisk Arkiv, Ringsted.

Et af initiativerne i Ringsted Kvindevalgretsforening var sammenkomster for unge kvinder, hvilket efter sigende vakte en del opmærksomhed ud over landet[9]. I bestyrelsens invitation lød det blandt andet: *Undertegnede Bestyrelse for Ringsted Kvindevalgretsforening ønsker meget gerne at samle Byens unge Kvinder en Gang hver 14. Dag og un-*

derholde dem paa bedst mulige Maade, som t. Ex. ved lidt Sang, Oplæsning o.a. De kan godt tage Deres Haandarbejde med.

Den første aften mødte 38 unge kvinder op til arrangementet, men det var tilsyneladende så attraktivt, at der på den fjerde *Ungpige Aften* kom 80 deltagere, som næsten ikke kunne være i Borgerskolens håndgerningsklasse.

Kvindevalgretsforeningen i Jystrup

Onsdag den 26. januar 1910 talte Clinny Dreyer ved et aftenarrangement i Jystrup Forsamlingshus om kvindernes deltagelse i kampen for en ny forfatning i Finland. Efter mødet udskiltes fra Ringsted Kvindevalgretsforening en selvstændig kvindevalgretsforening i Jystrup. Til bestyrelsen valgtes: *Fru Pedersen, Slettebjerggaard, Fru Andersen, Slettebjerg, Fru Johanne Andersen, Nygaard, Taastrup, Frk. Anna Truelsen, Høed og Lærer Olsen, Jydstrup*[10].

Marie Pedersen fra Slettebjerggård var i øvrigt den første kvinde, som blev valgt ind i Jystrup Valsølille sogneråd.

Senere blev lægefruen Clara Tvedegaard i Jystrup forkvinde for den lokale kvindevalgretsforening. Clara Tvedegaard var den kvinde, som tog initiativ til, at Jystrup fik sit helt eget mindesmærke i anledning af grundlovsændringen 1915. Hun plantede et egetræ i sin have.

Den dag kvinderne fik valgret

Den dag, hvor Christian den 10. underskrev grundlovsændringen blev en festdag – især for kvinderne. De havde sejret efter en mangeårig kamp.

I dagene op til underskrivelsen blev det i kvindekredse diskuteret, hvorledes sejren skulle fejres. Talen kom på at gå et optog, som skulle ende med, at en deputation gik op til kongen og takkede. Der var dog delte meninger om både optog og taksigelser.

I Ringsted Folketidende kunne man den 2. juni 1915 læse, at der tirsdag den 1. juni blev afholdt et agitationsmøde i Grundtvigs Hus i København, som forberedelse til det store grundlovstog, i avisen kaldet *Kvindernes Opmarch*. Kun enkelte af de 1.200 fremmødte var mænd, som oven i købet kom uindbudt. Talerne opfordrede kraftigt til deltagelse i det optog, som var planlagt til den 5. juni, men et medlem af Frederiksberg kommunalbestyrelse udtrykte dog bekymring over, at der var ved gå partipolitik i sagen.

Gyrithe Lemche var en af hovedtalerne, og hun beklagede i stærke vendinger, at kvinderne ikke havde været med til at udforme den nye grundlov: *Det er det gamle System, der har skrevet det nye Systems Grundlov; det rigtige havde været, at Kvindevalgretten var taget som en Sag for sig, saa at Kvinderne havde faaet Medindflydelse paa det Nyes Tilblivelse*[11].

Ikke alle var enige i at afholde optoget, eller at der var noget at takke for. Blandt andre beordrede Socialdemokraterne deres kvindelige medlemmer til Grundlovsmøde i Fælledparken i stedet, og også Højres kvinder udeblev fra valgtoget. Selv Dansk Kvindesamfunds Gyrithe Lemcke, som ellers havde opfordret til, at de forskellige kvindeforeninger gik i et fælles optog, skrev i bladet *Kvinden og Samfundet*, at der ikke var grund til at takke for *en ret givet med 66 års forsinkelse*[12]. Ligeledes sørgede hun for, at ordene *tak* og *glæde* blev strøget i invitationer og publikationer.

Fig. 3. Christian den 10. underskriver grundlovsændringen i Statsrådet den 5. juni 1915. Fotograf Peter Elfelt. Kilde: Det kgl. Bibliotek.

Takketoget i København

Mere end 12.000 kvinder gik alligevel den 5. juni 1915 i samlet optog gennem København fra Grønningen på Østerbro til Amalienborg.

Den 23-årige lærerinde Nanna Elisabeth Bojsen, grandniece til Jutta Bojsen Møller (formand for Dansk Kvindesamfund 1894-1910) deltog i kvindetoget. Hun var en af de 250 unge kvinder, hvoraf de fleste var gymnastiklærerinder, som skulle holde orden på deltagerne. Nanna Bojsen fortalte fra første parket om dagen, som hun beskrev som en af de mest betydningsfulde i sit liv[13].

Det var strålende solskin, og forrest i optoget gik unge piger i hvide kjoler med røde skærf. Nogle af ordensholderne solgte små rød/hvide emblemer med teksten *5. juni 1915*, som deltagerne i optoget skulle bære. De havde også kamferdråber og sukker med, for *det er ikke let for Kvinder at undgaa Besvimelser, naar man skal staa tæt sammenstuvet i mange Timer*[14]. Dog fik ordensholderne strenge ordrer på kun at give dråber og sukker til de deltagere, som bar et emblem. Da oplaget på 10.000 blev revet væk, måtte mange dog gå i optoget uden.

En del sluttede sig til, mens optoget drog af sted mod Amalienborg. Nogle unge piger gik med bannere, hvorpå der stod: *Ingen Kvinde bør være Tilskuer*, og det var da også overvejende mænd, som så til. Mange af dem var enten forlegne over, at deres koner deltog, eller kom med direkte ringeagtende bemærkninger til kvinderne i optoget. De ældre mænd var dog dem, som *tog Situationen kønnest*[15] og smilede anerkendende til deltagerne.

Selvom en politibetjent tvivlede på, at kvinder kunne gå i optog - *De havde jo aldrig været soldater*[16] - så skred det af sted i god ro og orden. Nanna Bojsen beskrev det sådan: *Stemningen blandt Kvinderne var høj, vi følte os næsten som gamle Bekendte og gode Venner i den store fælles Interesse, her gik i Toget elegante Fruer i pragtfulde Toiletter ved Siden af de aller mest jævne og tarveligt klædte Borgerkoner ... al Rang og Standsforskelle var som ophævet*[17].

Toget svingede syngende ind på Amalienborg Slotsplads, og først efter 1½ time var alle ankommet og stod række efter række på pladsen.

En deputation af kvinder med Jutta Bojsen Møller i spidsen gik op på slottet for at takke kongen for valgretten, og imens sang kvinderne i optoget blandt andet en sang digtet til dagen af forfatter og kvindesagsforkæmper Gyrithe Lemche, hvor sidste vers lyder:

> *Danmark kalder, moderlige, dyrebare Navn*
> *Thyras og Margrethes Rige aabner os sin Favn*
> *Frem i Lyset, frem af Skygge*
> *Med at værne, med at bygge*
> *Danmarks Lykke, Danmarks Ære*
> *Signet Kaldet være*[18].

I sandhed en mindeværdig dag!

Fig. 4. Takketoget i København. Fotograf Julie Laurberg (1856-1925). Kilde: Kvindehistorisk Samling.

Lokale fejringer

Vedtagelsen af den nye grundlov blev også fejret i Ringsted og omegn.

På *Kærehave Husmandsskole* ved Ringsted[19] plantedes den 5. juni en eg til minde om *den begivenhedsrige Dag*. Kun skolens personale, elever og kursusdeltagere overværede den lille, smukke højtidelighed. Samtidig blev en glasbeholder nedgravet ved træets fod. Den indeholdt et dokument, som oplyste om, hvorfor egen blev plantet[20].

1.
Somrens Dag! Sejrens Dag!
Lad vor Fanes røde Lue
flamme højt mod Himlens Bue,
Fønixbaal for genfødt Sag.
Junisolen atter skrider
frem i glans fra Mulmets Rand,
nye tider
gryr der af dens Lys om Land.

2.
Strænge Kaar! Kampens Aar!
Ej paa Sejrens Dag skal tælles.
Tro og Taalmod aldrig ældes
og en Dag de Lønnen faar.
Lad kun stampes haardt mod Brodden,
og kun svigte trætte Mænd,
en Gang Daaden
giver Dagen Navn igen.

3.
Det er frit! Det er Dit!
Dette Land, det gyldne fagre,
med dets Skov og grønne Agre
helt fra Sund til Havets Klit.
Det er slut med Herrevælde
hver en Blomst har lige Kaar,
hver en Nælde
brød vi i vor Urtegaard.

4.
Ræk mig Haand! Samme Aand!
Samme Villie skal os lede,
Sammen skal vi Vej berede,
Bygge Bo og bryde Baand.

Skema 2. De lokale Ringsted-aviser bragte i dagene fra 5. juni 1915 og fremefter flere hyldestdigte og – sange i anledning af Grundlovsændringens vedtagelse. Èn af disse gik på melodien Høje Nord og teksten var forfattet af stationsforstander Henriksen i Sorø[21].

I Haslev havde mellem 1.500 og 1.600 mennesker samlet sig og hørte både konseilspræsident (statsminister) Zahle og Julie Arenholt[22] tale. Hun sagde blandt andet: *Vi danske Kvinder skal ikke juble over Grundloven, som den genfødte Junigrundlov – saaledes som Mændene gør det; thi først ved Grundloven af 5. Juni 1915 kom Kvinderne ud af Fængslet. Vi var ikke med i 1849.* Hun mente dog ikke, at modstanden mod kvindernes valgret var ophørt. Den ville vågne op igen[23], og hvis man så på, hvor længe det varede, før kvinderne blev repræsenteret i lovgivende forsamlinger med mere end nogle ganske få, så havde hun ret.

På *Ankerhus Seminarium og Husholdningsskole*[24] i Sorø plantede man en *Kvindernes Grundlovseg* for at markere dagen, ligesom man på restaurant *Parnas* fejrede både demokratiet og kvindernes valgret. Fra denne forsamling sendte man et telegram til Zahle indeholdende kun ordet *Tak!*[25]

Marie Christensen, som var husassistenternes formand, udtalte til Venstres Folkeblad den 6. juli blandt andet: *Tyende skal i videste Maal benytte sig af den Ret, det nu har Faaet, og det skal sætte sine egne Repræsentanter ind paa Tinge ... Dernæst skal vi hjælpe Arbejderhustruerne, som er Samfundets Stedbørn ... så hun* [arbejderhustruen] *kan faa Tid til at samle sig om Kundskaber og Oplysning*[26].

Afviklingen af valgretsforeningerne

Efter valget opløste de lokale kvindevalgretsforeninger sig selv. Således blev det bekendtgjort i Ringsted Folketidende den 11. juni, at Glumsø og Omegns Kvindevalgretsforening havde afholdt sit sidste møde.

Byrådsmedlem fru Hjelmer i Præstø mindede i sin sidste tale om, at det på kort tid var lykkedes at opnå valgret, blandt andet fordi en del af forarbejdet var gjort gennem den kommunale valgret samt valgretten til menighedsråd og hjælpekasser. Hun foreslog, at kvindernes særlige indsats i det offentlige liv herefter måtte være større og bedre omsorg for alle de værgeløse, børnene, de fattige og de gamle. *Et andet Punkt på Kvindernes Program ville blive en bedre Uddannelse for de unge Piger i huslig Gerning (maaske i Forbindelse med Barnepleje), enten denne Uddannelse saa skulde være frivillig eller tvungen – en Slags kvindelig Værnepligt,* og kvinderne ville sikkert være stemt for at gå strengere til værks over for blandt andet voldtægtsforbrydere[27].

Den 3. juli påbegyndte Landsforbundet for Kvindernes Valgret sit 8. landsmøde. Man vedtog næsten enstemmigt, at opløse foreningen, da dens program nu var opfyldt. Samtidig stiftede man *Dansk Landsforbund for Kvinders Valgret,* hvis opgave det var at opretholde kontakten med internationale kvindevalgretsorganisationer[28].

I Ringsted Kvindevalgretsforening lød det på en ekstraordinær generalforsamling den 1. september, at *det Maal, som Foreningen arbejdede for, Kvindernes <u>politiske</u> Valgret, er sket Fyldest,* og det blev vedtaget *at opløse Foreningen*[29].

Foreningen havde været en af de største og mest virksomme i landet[30], om end man i den seneste tid havde ført en mere stille tilværelse. Efter opløsningen af foreningen skulle man tage stilling til, hvordan man ville ordne sig i fremtiden, nu da forpligtigelserne var større. Fra landsmødet i Ålborg var det blevet foreslået, at de opløste kvindevalgretsforeninger oprettede afdelinger af Dansk Landsforbund for Kvinders Valgret, som skulle være en afdeling under *Internationalt Forbund for Kvinders Valgret.* Da man frygtede, at det ville blive for svært at få indkrævet kontingent til foreningen, valgte man i Ringsted i stedet at oprette en afdeling af Dansk Kvindesamfund[31]. Den 21. september skrev Folkebladet imidlertid, at man havde opgivet planen om en lokal afdeling af Dansk Kvindesamfund, da kontingentet på 3 kroner årligt var for højt.

Skema 3. Et vers (om Johanne Rambusch[32]) fra en sang sunget ved Landsmødet i Ålborg[33].

Kvindevalgretsminder

Der var i tiden efter grundlovens vedtagelse flere tiltag i forhold til at markere kvindernes valgret. En af ideerne til et mindesmærke blev fostret i Borup præstegård af pastor Balslevs kone Sofie.

Disputten om Kvindevalgretsmindet
Allerede den 4. juni 1915 skrev *Ringsted Folketidende* (Venstre), at formanden for den midtsjællandske sammenslutning af kvindevalgretsforeninger fru Balslev i Borup havde tanker om et forslag gående ud på, at alle de samvirkende foreninger gik sammen om at opstille et kvindevalgretsminde i Ringsted, som hun betonede *er Dronning Dagmars By*. Hun tænkte sig, at mindet skulle stå i Ringsted Lystanlæg, og mente, at anlæggets bestyrelse og formand nok ville vise ideen interesse.

Dagen efter, altså på selve dagen for indførelse af kvindernes valgret, skrev Ringsted Folketidende, at de havde talt med formanden for Lystanlægget, hr. Dyrhauge, som var helt enig med fru Balslev i tankerne om et mindesmærke for kvindevalgretten.

I *Venstres Folkeblad* (Radikal) berettede man under overskriften *En Grundlovs-Sten i Ringsted?*, at man på Fyn havde opsat en stor natursten med inskription til minde om den nye Grundlov. Blandt andet var navnene på de forhenværende og nuværende konseilspræsidenter *Berendtsen* og *Zahle* indhugget i stenen. Der argumenteredes for et lignende mindesmærke i Ringsted med, at Ringsted var Zahles valgkreds, og at egetræer var for skrøbelige og kunne mistrives. Endelig mente man fra avisens side, at Ringstedkredsen og hr. Zahle fortjente et Grundlovsminde i lige så høj grad som kvindevalgretten. Slutteligt opfordrede avisen de politiske organisationer på egnen til at gå ind i oprettelsen af mindet.

Den 8. juni bidrog Ringsted Folketidende til diskussionen om kvindevalgretsmindet i Lystanlægget ved at opfordre til, at mændene og partipolitikken blandede sig uden om, og lod kvinderne selv beslutte mindesmærkets udformning og inskription.

Dagen efter takkede fru Balslev Ringsted Folketidende, fordi bladet havde bragt hendes tanker om kvindevalgretsmindet, og fordi de havde fået en positiv udtalelse fra Lystanlæggets formand. Hun betonede, at mindet skulle være et Enhedsmærke rejst på upartipolitisk baggrund. Til en begyndelse havde fru Balslev indkaldt forkvinderne for Agitationskredsen til møde i Ringsted den 18. juni[34].

På mødet kom det frem, at fru Balslev havde tænkt sig mindet udformet som en bronzestatue af en kvindeskikkelse med et barn på armen og en stemmeurne ved siden. På den måde skulle figuren symbolisere både kvinden i hjemmet samt kvinders nye rettigheder og ansvar for samfundet. Allerede under dette møde var der delte meninger om, hvor et landsmindesmærke skulle placeres[35].

Samme dag skrev en kvinde, som kaldte sig *En Kvindelig Tilhænger af Grundlovsstenen* i Venstres Folkeblad, at det var skammeligt, når Folketidende påstod, at Folkebladet ville gøre kvindevalgretsmindet til et minde for Zahle, og dermed fik diskussionen om valgretsmindet en ekstra dimension; nemlig hvorvidt Zahles navn skulle på eller ej, og hvem der bestemte mindets udformning.

Fronterne trækkes op
Folkebladet ønskede altså at hylde Zahle og Ringstedkredsen på samme minde som kvindevalgretten, og Folketidende mente, at partipolitik ikke skulle blandes ind i kvindevalgrettens minde. De to aviser gik med hvert deres synspunkt ind i en sand verbal krig.

I Folkebladet bar man ved til bålet den 12. juni, hvor der blev bragt et stort billede af Grundlovsstenen på Fyn med en bemærkning om, at det ville glæde læserne at se stenen med Zahles navn på, og at Folketidende forhåbentlig ikke får nye raserianfald!

Den 6. juli modtog Ringsted Folketidende en underretning fra fru Balslev, som havde forelagt sin ide for deltagerne på landsmødet for Landsforbundet for Kvinders Valgret, dog uden for det ordinære møde. Hun oplevede, at hendes ide om et fælles landsmindesmærke blev modtaget med begejstring, og mange stillede sig til disposition for sagen. Fru Balslev imødeså en diskussion om, *hvor* mindesmærket skulle placeres, og hun argumenterede for, at det blev i Ringsted, fordi byen rent historisk var *et gammelt retsligt Midtpunkt for det østlige Danmark*[36], og fordi det var i Ringsted, at sagen om mindesmærket var rejst. Endelig inddrog hun som argument, at byens kirke var knyttet til Dronning Dagmar, der beskrives som den mest kvindelige af alle vore historiske kvindeskikkelser.

Den 15. juli meddeltes det i Venstres Folkeblad, at fru Balslev regnede med, at det rent praktiske arbejde med mindesmærket ville blive påbegyndt i nær fremtid. Fruen flyttede desuden til København som en konsekvens af, at hendes mand havde taget sin afsked som præst i Borup.

To uger efter afholdtes et møde med deltagelse af repræsentanter for Danske Kvinders Nationalråd, Danske Kvindeforeningers Valgretsforbund samt en komité for et mindesmærke dannet af fru Balslev. Dér forelagde Dansk Kvindesamfund en plan, som gik ud på at rejse en rytterstatue af Dronning Margrethe med nutids kvindeskikkelser på soklen symboliserende kvinders valgret, og den skulle stå i hovedstaden! Planen drøftedes på et større møde i september. I Ringsted Folketidende skrev journalisten: *Ovenstående officielle Meddelelse viser, at Tanken om et Kvindevalgrets-Minde nu er ved at antage en ny Form, større end Ideens Moder vistnok har tænkt sig den*[37].

Allerede dagen efter kunne Folketidende fortælle, at en kreds af repræsentanter for jyske distrikter indenfor Dansk Kvindesamfund havde udsendt et opråb, hvori de opfordrede kvinder på land og i by til at bidrage med penge til et mindesmærke, som de tænkte at rejse på *Himmelbjerget*. Som det bemærkedes i avisen, så måtte man i det mindste regne med to store kvindevalgretsminder, og *det er egentlig baade for meget og for lidt*[38].

I lyset af at der flere forskellige steder i landet var tanker om at opsætte mindesmærker for kvindernes valgret og for den nye grundlov, meddelte fru Balslev den 23. august i Venstres Folkeblad, at hun ikke længere arbejdede for ét stort landsmindesmærke. Hun ville ikke forøge antallet af mindesmærker, da de i så fald tabte i betydning og virkede splittende i stedet for samlende. Det er det sidste vi hører til fru Balslev og mindesmærket i Ringsted.

Kvindeegen i Jystrup
Da man ikke kunne blive enige om rejse et lokalt mindesmærke, tog forkvinden for kvindevalgretsforeningen i Jystrup, lægefruen Clara Tvedegaard, spaden i egen hånd og plantede et egetræ sammen med sin nabo på Søgården, formanden for Demokratisk Forening i Jystrup, forpagter Julius Andersen.

Hans og Clara Tvedegaard havde købt lægehusets naboejendom, og det var i dette hus' have, i skellet op mod Søgården, at Kvindeegen kom til at stå.

Det lille træ var groet op af et agern, som Clara Tvedegaard selv havde sået. Hvornår det helt nøjagtigt blev plantet, og hvor gammelt det var i 1915, er der desværre ingen efterretninger om.

Når Clara Tvedegaard i glæde men også frustration over den manglende fælles kvindefront i forhold til opsætningen af et lokalt mindesmærke for kvindernes nyerhvervede valg- og stemmeret besluttede sig for at rejse sit eget private minde i form af et egetræ, viser det med al tydelighed, hvor engageret hun havde været i hele sagen. Samtidig er det også et tegn på, at hun ikke lod sig kue. Hvis ikke man kunne blive enige om et fælles, nationalt mindesmærke, så kunne hun da bare selv og helt privat markere begivenheden.

Med tiden gik hændelsen og træet i glemmebogen, men efter en samtale i 1990 – i 75 året for egens plantning - mellem Jystrups daværende lokalhistorieekspert Aage Bagger og Julius Andersens søn Svend Fugl Andersen skrev Aage Bagger en lille notits i Højdepunktet[39], hvor han trak kvindeegen og dets historie ud af glemslens mørke.

Året efter tog Aage Bagger sagen op igen. Han foreslog Jystrup-Valsølille-egnens Borgerforening (herefter benævnt *Borgerforeningen*), at de tog initiativ til, at træet kom frem i lyset – set fra Skjoldenæsvej. Det stod nemlig delvist gemt bag et raftehegn ud mod vejen, og træet var desuden fuldstændig omgivet af krat.

Ved en aftale med havens ejere, Ulla Brodersen og Bo Alkjær, lykkedes det at få træet fritlagt, og da raftehegnet tilmed blev fjernet, fik de forbipasserende frit udsyn til kvindeegen.

Fig. 5. Kvindeegen i Jystrup. På billedet anes plankeværket, som set fra Skjoldenæsvej skyggede for synet af det historiske træ. Plankeværket fungerede som landsbyens opslagstavle, hvilket dog ikke kan ses på dette foto. Foto: Aage Bagger.

Ved nedrivningen af raftehegnet forsvandt landsbyens opslagstavle, idet hegnet på grund af dets centrale placering i T-krydset ved Bygaden og Skjoldenæsvej var det ideelle sted til opslag og annoncering.

Skema 4. Ordlyden af den skriftlige aftale mellem Borgerforeningen og ejerne af haven, hvor kvindeegen og stenen står.

Som Aage Bagger bemærkede i 1990, kan *nok ikke mange byer og vel slet ikke landsby-er byde på en sådan attraktion*[40]. Rigtigt nok er Jystrups Grundlovstræ ikke registreret i kulturstyrelsens liste over kvindeege, men det er der i anledning af 100-året for kvindernes valgret rådet bod på.

Mindestenen i Jystrup

Aage Baggers initiativ med hensyn til blotlægning af Jystrups kvindeeg blev yderligere aktualiseret, da der ved kloakgravningen i 1990 dukkede en stor sten op på Jungsøvej. Stenen blev lagt i vejkanten, hvor den bare lå og ventede på at komme til sin ret et eller andet sted.

Ringsted Kommune fik kig på stenen, men lokale Jystrup'ere mente, at stenen hørte til og skulle blive i Jystrup. Deraf udsprang idéen om at flytte den hen til kvindeegen og sætte den som mindesten for kvindernes valgret i 1915.

Fig. 6. Mens børnene legede i haven, arbejdede lokale folk fra Jystrup med at klargøre stenen og området omkring den. Fra venstre ses Aage Bagger, tømrermester Ib Hansen, der også stod for opsætningen af hegnet bag stenen, Borgerforeningens forkvinde Mette Holst, Hanne Malm, Jystrup, og Bo Alkjær. Foto: Historiens Hus, Lokalhistorisk Arkiv, Ringsted.

Aage Bagger fik grønt lys fra Borgerforeningen til at arbejde videre på sagen. Det involverede mangt og meget, som bl.a. kostede. Borgerforeningens budget rakte ikke til at dække udgifterne, men Clara Tvedegaards børnebørn, Bitten Tvedegaard og Gerda Møller, ydede af egen lomme bidrag, som sammen med et tilskud fra Hanne Marie Motzfeldts fond endte med at kunne betale regningerne.

Stenen skulle flyttes fra Jungsøvej til Skjoldenæsvej, den skulle have en inskription, og der skulle sættes en mindeplade ved stenens fod, som oplyste om kvindeegen. Desuden ønskede havens ejere, at der i stedet for det nedrevne plankeværk blev opført et hegn langs vejen og bagom stenen. Alle disse opgaver stod Aage Bagger for med hjælp fra lokale Jystrup'ere.

I forbindelsen med opsætningen af stenen sikrede Borgerforeningen ved en skriftlig aftale med havens ejere, at kvindeegen blev bevaret for fremtiden og fortsat blev synlig fra vejen, samt at stenen fremover kunne blive stående som mindesmærke for kvindernes stemmeret 1915. Både træ og sten stod jo på privat ejendom. Aftalen skulle have været tinglyst, men det blev den aldrig.

Fig. 7. Afsløringsfesten blev indledt med en velkomsttale af forkvinden for Borgerforening, Mette Holst. Stenen var ved afsløringen dækket af et Dannebrog, som blev trukket til side af Clara Tvedegaards barnebarn Gerda Møller, som ses th. Aage Bagger ses tv. Foto: Historiens Hus, Lokalhistorisk Arkiv, Ringsted.

Fig. 8. Aage Bagger og Gerda Møller efter afsløringen af Grundlovs-stenen. Foto: Aage Bagger.

Fig. 9. Der blev også sunget. Fra venstre ses den mangeårige forkvinde for Kulturudvalget i Ringsted Tulle Olsen, Aage Bagger, Hanne Marie Motzfeldt, som rundhåndet havde ydet et bidrag til projektet, og Borgerforeningens forkvinde Mette Holst. Foto: Historiens Hus, Lokalhistorisk Arkiv, Ringsted.

31

Efter et intenst arbejde stod stenen klar til afsløring den 31. august 1991. Afsløringen bekendtgjordes *ved opslag de sædvanlige steder bortset fra raftehegnet, som der skal findes en erstatning for til dette formål andetsteds*[41], bemærkede Aage Bagger med sin sædvanlige humor.

Afsløringsfesten åbnedes med en tale af Borgerforeningens forkvinde Mette Holst. Derefter holdt Aage Bagger festtalen, hvorpå Gerda Møller afslørede stenen. Det sidste officielle indslag var en tale af den 90-årige Svend Fugl Andersen, der berettede om træets plantning.

Festen sluttede for en del af de 70 fremmødte i Ulla Brodersens og Bo Alkjærs have, hvor der blev budt på et mindre traktement.

Ved stenens fod blev der opsat et oplysningsskilt, og fra 1993 kunne beboerne i Jystrup atter annoncere kommende begivenheder og arrangementer på et centralt sted. Plankeværkets afløser blev en opslagstavle ved siden af mindestenen.

Denne sten er opstillet den 7. august 1991 til minde om grundloven af 5. juni 1915, idet man samtidig har ønsket at markere egetræet her ved stenen, som Clara Tvedegaard i Jystrup lægebolig, formand for den lokale Kvindevalgretsforening, har plantet bistået af forp. Julius Andersen, Søgård, til ære for at kvinderne fik valgret ved denne grundlov.
Jystrup-Valsølilleegnens Borgerforening

Skema 5. Inskriptionen på mindepladen sat ved foden af mindestenen.

Clara Marie Amalie Tvedegaard stammede fra Smørumovre. Hun blev født 19. juli 1866 og var ældste datter i skolelærer Peter Johannes Korch og hustru Pouline Marie Mathilde Gjøls børneflok, som talte seks døtre og tre sønner[42].

Der var 18 år mellem Clara og den yngste i søskendeflokken, så man kan meget vel forestille sig, at Clara ret hurtigt i sin barndom lærte at deltage i den store families huslige pligter, ligesom hun sikkert også i et vist omfang måtte tage sig af sine mindre søskende. Det kan derfor ikke undre en at finde den 23-årige Clara som husbestyrerinde hos sin farfar i 1890.

To år efter blev hun gift med læge Hans Tvedegaard[43], hvorefter hendes medfødte og tillærte viden, kundskaber og evner blev levet ud som hustru, mor og lægekone.

Hans Tvedegaard fik sin medicinske embedseksamen i 1893 og fuldendte sin lægeuddannelse året efter på Kommunehospitalet i København[44]. Parret boede i dette tidsrum på Frederiksberg, hvor deres datter Hedvig kom til verden den 11. december 1892.

Fig. 10. Hans og Clara Tvedegaard malet af Ole Søndergaard formentlig omkring 1930. Foto: Privat eje.

Hans Tvedegaard stammede ligesom Clara fra et mindre landsbysamfund. Han var født og opvokset i Slimminge ved Ringsted[45], så det har nok været begges drøm, når muligheden viste sig, at flytte væk fra hovedstaden.

I 1894 takkede Hans Tvedegaard ja til en stilling som praktiserende landsbylæge i Jystrup.

Familien flyttede til Jystrup

Efter mange år med skiftende læger i Jystrup[46] kom der mere stabilitet, da Hans Tvedegaard med sin familie kom til Jystrup.

Familien etablerede sig i lægeboligen beliggende på Skjoldenæsvej 7. Huset, der var bygget af den lokale politiker Peter Andersen, lejede de for 250 kr.

Efter kort tid fik de tilbud om at købe det, idet husets ejer skulle flytte og derfor gerne ville af med huset.

Fig. 11. Huset th. er lægeboligen Skjoldenæsvej 7 anno 1920. På dette tidspunkt var tilbygningen i den nordlige gavl, hvor der var direkte indgang til klinikken, endnu ikke opført. Foto: Privat eje.

Fig. 12. Ud over de to faste tjenestefolk fik Clara Tve-
degaard hjælp til det huslige bl.a. af en vaskekone.
Ane Kirstine Christiansen, kaldet Stine, ved vaskebal-
jen og brønden i lægehusets have. Hun får hjælp af
den unge mand, som desværre ikke kan identificeres på
grund af den bredskyggede hat. Foto: Privat eje.

At købe hus som nybagt praktiserende læge lå i første omgang udenfor familiens økonomiske formåen, men efter forhandling med sælgeren, slog Hans og Clara Tvedegaard til og købte ejendommen for 6.500 kr. Siden købte de også nabohuset, et gammelt stråtækt bindingsværkshus, i hvis have kvindeegen blev plantet i 1915.

Straks efter ankomsten til Jystrup ansatte lægefamilien en stuepige som hjælp til fruen og en yngre mand, der varetog praktiske opgaver samtidig med, at han fungerede som kusk for lægen. Da familien senere fik skiftet hestevognen ud med en bil, krævede jobbet som altmuligmand et kørekort. Denne ordning med to tjenestefolk blev bevaret al den tid, familien boede i Jystrup.

Lægefrue

Hans Tvedegaard blev en populær læge i Jystrup, og hans praksis voksede. Ved hans 25 års jubilæum blev der holdt en stor fest med omkring 300 gæster, og ved den lejlighed fik han i taknemmelighedsgave et guldur af egnen beboere. Lærer Olsen roste lægen på beboeres og patienters vegne med ordene: *Vi takker Tvedegaard som den nidkære læge, der altid var rede, når der blev kaldt på ham ... den redebonne og dygtige læge, der til sygesengen bragte ikke blot lindring, men også trøst og et solstrejf af godt humør.*

Det er bemærkelsesværdigt og sigende, at lægefruen ved denne festligholdelse fik en meget fremtrædende rolle. Mange patienter kendte hende godt, idet hun var sin mand behjælpelig i konsultationen, og hun var øjensynligt en meget afholdt kvinde, som blev værdsat for sine menneskelige kvaliteter. Hun modtog en erindringsgave i form af en sølvtepotte med bakke, og der blev tilmed holdt tale for hende. Her fremgik det tydeligt, hvor betydningsfuld hun var for det lille samfund. Ikke alene blev hun rost for med *sit gode hjerte og ypperlige humør* at have støttet sin mand, men lokalsamfundet satte helt klart også meget stor pris på hendes lokale engagement.

Fig. 13. Jystrup Valsølille Sogneråd 1. april 1917. Bageste række fra venstre: Gårdmand Niels Andersen, Høbjerggård, skovfoged Anders Christian Eriksen, Hopolden, godsforvalter Laurits Kaalund, Skjoldenæsholm, og husmand Niels P. Petersen, Mortenstrup. Forreste række fra venstre: Gårdmand Christen Sørensen, Høed, lægefrue Clara Tvedegaard, Jystrup, parcellist Jens P. Andersen, Slettebjerg, Marie Petersen, Slettebjerggård, som var den første kvinde i sognerådet, og husmand Johan Hansen, Bentskov. Foto: Historiens Hus, Lokalhistorisk Arkiv, Ringsted.

Fig. 14. Jystrup Valsølille Sogneråd 1921-25. Bageste række fra venstre: Peter Petersen, Mortenstrup, Niels Peter Jensen, Ny Jystrup, hofjægermester Henri Bruun de Neergaard, Skjoldenæsholm, Peder Jensen, Høed, og Niels Christian Jeppesen, Glostruphuset. Forreste række fra venstre: Hans F. Jørgensen, Slettebjerg, lægefrue Clara Tvedegaard, Jystrup, Skovfoged Anders Christian Eriksen, Hopolden, og Hans Frederik Petersen, Jystrup. Foto: Historiens Hus, Lokalhistorisk Arkiv, Ringsted.

Sandsynligvis havde man i Jystrup ikke forventet en så udadvendt lægefrue, som tilfældet var. Talen til Clara Tvedegaard blev nemlig indledt med bemærkningen *Fru Tvedegaard er jo en interesseret kvinde*, men talen vidner også om en dyb respekt for og accept af lægefruens forehavender.

Politiker
Clara Tvedegaard voksede som tidligere fortalt op i en skolelærerfamilie, hvilket sikkert har givet hende et vist socialt indblik. Dette styrkedes, da hun fik sin faste gang blandt patienterne i lægekonsultationen. Som en naturlig følge heraf rettedes hendes øjne også mod det politiske liv.

Kvinder havde jo i 1903, 1905 og 1907 fået ret til at sidde i lokale råd, og da tankerne om at udvide kvindernes valgret og valgbarhed til også at gælde Danmarks

Rigsdag, var det helt naturligt for Clara Tvedegaard at markere sig bl.a. ved at blive forkvinde for den lokale valgretsforening.

Da grundlovsændringen var blevet vedtaget, nedlagdes valgretsforeningen, men inden da sammenkaldte Clara Tvedegaard de lokale kvinder og sagde til dem: *Brug nu den ret, I har fået; brug den, så I har ære og Danmark gavn og glæde deraf.*

Hans Tvedegaard blev i 1909 valgt ind i Jystrup Valsølille sogneråd, og da han otte år senere besluttede sig for at træde tilbage fra den lokalpolitiske scene, lod Clara Tvedegaard sig opstille som hans efterfølger. I Jystrup Valsølille sogneråd sad allerede én kvinde, Marie Petersen, så da Clara Tvedegaard trådte ind i sognerådet, blev således to af de ni medlemmer repræsenteret af kvinder.

Clara Tvedegaard arbejdede for frisind og fremskridt. I forhold til det sidste lå den lille kommunes tarv hende meget på sinde. Bl.a. blev hun forkvinde for vejudvalget, hvor hun fik gennemført hårdt tiltrængte forbedringer af det lokale vejnet.

Familiemenneske
Da den unge familie Tvedegaard flyttede til Jystrup i 1894, var deres datter Hedvig omkring et årstid gammel. To år efter forøgedes familien med sønnen Frithjof.

Når man læser Hans Tvedegaards erindringer[47] er der ingen tvivl om, at han var en humoristisk og positiv person, og samme skudsmål fik Clara Tvedegaard også. Stemningen i familien må have været præget af ægtefællernes lette syn på tilværelsen.

Clara Tvedegaard fik tre børnebørn. Datteren Hedvig blev gift med maskinfabrikant Møller i Borup, og sønnen Frithjof flyttede i 1926 med sin kone Ebba ind i et nybygget hus i Tvedegaards baghave. Frithjof Tvedegaard blev også uddannet læge, og i det nye hus blev der indrettet bolig og konsultationsrum for sønnen, som i en overgangsperiode aflastede faderen på hans ældre dage, hvorefter Frithjof Tvedegaard helt overtog faderens praksis.

Hedvig fik to børn, en søn og datteren Gerda. Gerda Møller kunne fortælle, hvordan hun ofte besøgte sine bedsteforældre i Jystrup, var på sommerferie der og legede i den store have[48]. Men hvad hun ikke nævnte var, at hun i en periode i sin tidligste barndom boede fast hos bedsteforældrene som plejebarn.

Hvordan og hvorfor denne ordning kom i stand, vides der intet om, men hændelsen viser, at familien Tvedegaard havde evne og overskud til at hjælpe og støtte hinanden.

Frithjof og Ebba Tvedegaard fik en datter, som var hjerneskadet efter for tidlig fødsel. Som nabo til sønnen fulgte Clara Tvedegaard tæt dette barnebarn, der var opkaldt efter hende, men blev kaldt for Bitten.

Den 9. maj 1942, kort før parret havde kunnet fejret guldbryllup, døde Hans Tvedegaard. Efter knap 50 års samliv var tabet og savnet stort. Som det tit sker med tæt forbundne ægtefæller, mister den længstlevende ofte livslysten, når han eller hun efterlades alene tilbage. Der gik da heller ikke mere end to år, før Clara Tvedegaard efter længere tids sygdom og svaghed døde[49].

Fig. 15. Efter Hans Tvedegaards jubilæum bugnede hjemmet med gaver og blomster. På billedet sidder Clara Tvedegaard sammen med barnebarnet Bitten og studerer de mange lykønskningstelegrammer, der indløb i anledning af den store festdag. Foto: Privat eje.

Kilder

Trykte kilder

Bagger, Aage, 1990: *Grundlovstræet i Jystrup*. Højdepunktet 1990 nr. 2.

Bagger, Aage, 1991: *Grundlovsegen - Grundlovsstenen*. Højdepunktet 1991 nr. 3.

Bagger, Aage, 2004: *Lokalhistoriske vandringer i og omkring Jystrup*. Udgivet af Lokalhistorisk Forening for Jystrup og Valsølille.

Christophersen, V., og J.W.S. Johnsson, 1915: *Den danske Lægestand 1907-1915*. Udgivet af Den almindelige danske Lægeforening, Jacob Lunds Forlag, København.

Fladborg, Hanne, 2000: *Kvinder & magt, Samfundskrønike 1915-2000*, Septem International, Odense.

Knudsen, Birgit, 2009: *Slaget på Fælleden, Systemskiftet 1901, Kvinders valgret*, Alinea, København.

Koch, Henning, og Kristian Hvidt, 1999: *Danmarks Riges Grundlove 1849 1866 1915 1953 i parallel opsætning*. Christian Ejlers' Forlag, København.

Tvedegaard, Hans og Frithjof, 2007: *To læge-generationer i Jystrup*. Udgivet af Lokalhistorisk Forening for Jystrup og Valsølille.

Viscor, Pia, 1999: *Den eventyrlige have*. Årsberetning fra Lokalhistorisk Arkiv i Ringsted.

Utrykte kilder

Referat fra Ringsted Kvindevalgretsforenings møde 1.september 1915, Historiens Hus, Lokalhistorisk Arkiv, Ringsted.

Avisartikler

Ringsted Folketidende jan. 1910, nov.-dec. 1911 og jun.-sep. 1915

Venstres Folkeblad juni 1915 og 11. jul. 1919.

Websites
http://da.wikipedia.org/wiki/Frederik_7.
http://danmarkshistorien.dk.
http://danmarkshistorien.dk/leksikon-og-kilder/vis/materiale/hoer-elna-munch-argumenterer-for-kvindelig-valgret-1913/.
http://danmarkshistorien.dk/leksikon-og-kilder/vis/materiale/kvindesagsorganisationerne-og-valgretsspoergsmaalet-1871-1915/.
http://kvinfo.dk/2015/kampen-stemmeret.
http://kvinfo.dk/tidsskrifter/den-tidlige-stemmeretskamp-interpellationer.
http://webmagasin.kvinfo.dk/artikler/den-dag-kvinder-fik-valgret.
http://wiki.ringstedhistorie.dk/index.php/K%C3%A6rehave_Landbrugsskole.
http://www.denstoredanske.dk/Mad_og_bolig/Bolig/Husholdning/Ankerhus_Seminarium.
http://www.dr.dk/bonanza/search.htm?needle=valgret&type=all&limit=120.
http://www.kulturstyrelsen.dk/skjult-i-menu/monumenter.
http://www.kvinfo.dk, Dansk Kvindebiografisk Leksikon – Clinny Dreyer.
http://www.kvinfo.dk/kilde.php?kilde=108. Artikel af Elna Munch om organiseringen af den danske valgretsbevægelse.
http://www.sa.dk/content/dk/ao-forside, danske kirkebøger og folketællinger.

Noter

---

[1] Hvor intet andet er nævnt, er kilderne til dette kapitel http://danmarkshistorien.dk, Koch og Hvidt 1999.

[2] http://da.wikipedia.org/wiki/Frederik_7.

[3] Knudsen 2009.

[4] http://kvinfo.dk/tidsskrifter/den-tidlige-stemmeretskamp-interpellationer.

[5] http://www.kvinfo.dk/kilde.php?kilde=108.

[6] http://www.kvinfo.dk/kilde.php?kilde=108.

[7] http://danmarkshistorien.dk/leksikon-og-kilder/vis/materiale/kvindesagsorganisationerne-og-valgretsspoergsmaalet-1871-1915/.

[8] Dansk Kvindebiografisk Leksikon, Clinny Dreyer, på www.kvinfo.dk.

[9] Ringsted Folketidende jan. 1910, nov.-dec. 1911 og jun.-sep. 1915.

[10] Ringsted Folketidende jan. 1910, nov.-dec. 1911 og jun.-sep. 1915.

[11] Ringsted Folketidende jan. 1910, nov.-dec. 1911 og jun.-sep. 1915.

[12] Fladborg 2000.

[13] http://webmagasin.kvinfo.dk/artikler/den-dag-kvinder-fik-valgret.

[14] http://webmagasin.kvinfo.dk/artikler/den-dag-kvinder-fik-valgret.

[15] http://webmagasin.kvinfo.dk/artikler/den-dag-kvinder-fik-valgret.

[16] http://webmagasin.kvinfo.dk/artikler/den-dag-kvinder-fik-valgret.

[17] http://webmagasin.kvinfo.dk/artikler/den-dag-kvinder-fik-valgret.

[18] http://webmagasin.kvinfo.dk/artikler/den-dag-kvinder-fik-valgret.

[19] Kærehave Landbrugsskole, som blev grundlagt i 1903, var oprindelig en husmandsskole. Først i 1922 omdannedes Kærehave til landbrugsskole, og i 1943 blev den en selvejende institution med plads til ca. 80 elever. Indtil 1975 var der også en husholdningsskole. I november 1999 blev planlægningen om en fusion med Roskilde Tekniske Skole stoppet, fordi undervisningsministeriet ikke ville godkende skolehjemsstatus for landbrugslinjen. Allerede i december 1999 besluttede landbrugsskolens bestyrelse at lukke skolen med effekt 1. marts 2000. Landbrugs-

skolen samt de 28 hektar skov og 70 hektar landbrugsjord blev udlagt til boliger i 2002. Kilde: http://wiki.ringstedhistorie.dk/index.php/K%C3%A6rehave_Landbrugsskole.

[20] Ringsted Folketidende jan. 1910, nov.-dec. 1911 og jun.-sep. 1915.

[21] Venstres Folkeblad 5. jun. 1915.

[22] Julie Johanne Arenholt (1872-1952) var en af hovedinitiativtagerne til dannelsen af Landsforbundet for Kvinders Valgret, hvis blad *Kvindevalgret* hun redigerede 1908-12. Ved det første valg efter gennemførelsen af kvinders valgret til de kommunale råd blev hun i 1909 valgt til Borgerrepræsentationen for Det Radikale Venstre. Efter gennemførelsen af kvinders fulde politiske rettigheder i 1915 meldte JA sig ind i Dansk Kvindesamfund (DK). Året efter blev hun suppleant til fællesstyrelsen og senere medlem, og 1918-21 var hun DKs højt respekterede formand. For hende var erkendelsen af "Kvinden som et med Manden fuldt jævnbyrdigt Individ" uadskillelig fra en etisk livsopfattelse. Kilde: Dansk kvindebiografisk Leksikon, http://www.kvinfo.dk/side/597/bio/1062/.

[23] Venstres Folkeblad jun. 1915.

[24] Ankerhus Seminarium er Danmarks første seminarium for uddannelse af husholdningslærere. Det blev oprettet i 1902 i Sorø. Husholdningsskolen blev tilknyttet seminariet i 1907. Initiativet fandt kraftig støtte hos De Samvirkende Sjællandske Landboforeninger, og undervisningen henvendte sig i begyndelsen til primært landbokvinder. I dag hører Ankerhus under University College Sjælland og uddanner professionsbachelorer i ernæring og sundhed. Kilde: http://www.denstoredanske.dk/Mad_og_bolig/Husholdning/Ankerhus_Seminarium.

[25] Venstres Folkeblad jun. 1915.

[26] Venstres Folkeblad jun. 1915.

[27] Ringsted Folketidende jan. 1910, nov.-dec. 1911 og jun.-sep. 1915.

[28] Ringsted Folketidende jan.1910, nov.-dec. 1911 og jun.-sep. 1915.

[29] Referat fra Ringsted Kvindevalgretsforenings møde 1.september 1915, Lokalhistorisk Arkiv, Historiens Hus, Ringsted.

[30] Ringsted Folketidende jan. 1910, nov.-dec. 1911 og jun.-sep. 1915.

[31] Ringsted Folketidende jan. 1910, nov.-dec. 1911 og jun.-sep. 1915.

[32] Da Landsforbundet for Kvinders Valgret blev dannet i november 1907, blev Johanne Rambusch forkvinde. Hun rejste landet tyndt, deltog i debatten og var særdeles aktiv i stiftelsen af lokalafdelinger. Kilde: http://www.kvinfo.dk/side/171/bio/1588.

[33] Venstres Folkeblad jun. 1915.

[34] Ringsted Folketidende jan. 1910, nov.-dec. 1911 og jun.-sep. 1915.

[35] Venstres Folkeblad jun. 1915.

[36] Ringsted Folketidende jan. 1910, nov.-dec. 1911 og jun.-sep. 1915.

[37] Ringsted Folketidende jan. 1910, nov.-dec. 1911 og jun.-sep. 1915.

[38] Ringsted Folketidende jan. 1910, nov.-dec.1911 og jun.-sep. 1915.

[39] Bagger 1990.

[40] http://www.kulturstyrelsen.dk/skjult-i-menu/monumenter/.

[41] Bagger 1991.

[42] Kirkebøger og folketællinger Smørum sogn, www.arkivalieronline.dk.

[43] Clara Koch og Hans Tvedegaard blev viet i Smørum kirke den 24. jun. 1892. Kilde: Kirkebog for Smørum sogn, www.arkivalieronline.dk.

[44] Christophersen og Johnsson 1915.

[45] Hans Tvedegaard blev født 20. sep. 1866 og døbt Hans Jensen. Ved kongelig bevilling af 23. jun. 1890 fik han tilføjet navnet Tvedegaard. Kilde: Kirkebog, Gjorslev sogn, www.arkivalieronline.dk.

[46] I 1919 fortalte lærer Olsen i Jystrup om, hvor svært det i hans barndom havde været at få fat i en læge, når behovet meldte sig, fordi der ikke fandtes en lokal læge i Jystrup. Omkring midten af 1880'erne kom den første læge til landsbyen. Det var læge Poulsen, som var bosat i det gamle mejeri i Ny Jystrup. Han gav hurtigt op og flyttede væk, hvorefter landsbyen igen stod uden læge. I 1892 flyttede læge Krebs til Nebs Mølle for kort tid efter at rykke ind i et helt nyt hus bygget af den lokale politiker Peter Andersen på Ny Lundsgård. Læge Krebs blev kun i Jystrup i to år.

[47] Tvedegaard 2007.

[48] Viscor 1999.

[49] Clara Tvedegaard afgik ved døden den 21. mar. 1844. Kilde: Kirkebog for Jystrup sogn, www.arkivalieronline.dk.

www.ingramcontent.com/pod-product-compliance
Lightning Source LLC
Chambersburg PA
CBHW081958260726
48659CB00009BA/3033